Für Ein? Und für Euch.

S. H.

Für meine Familie.

R. S.

Regina Schwarz • Stefanie Harjes

Wen du brauchst

TULIPAN VERLAG

Einen zum Küssen
        und Augen-Zubinden,

Einen zum
Lustige-Streiche-Erfinden.

Einen zum
Regenbogen-suchen-Gehn

Und einen zum
Fest-auf-dem-Boden-Stehn.

HUU AAHH

Einen zum Brüllen,

Zum Leisesein einen.

Einen zum Lachen

Und einen zum Weinen.

Auf jeden Fall einen,
der dich mag,

Heute

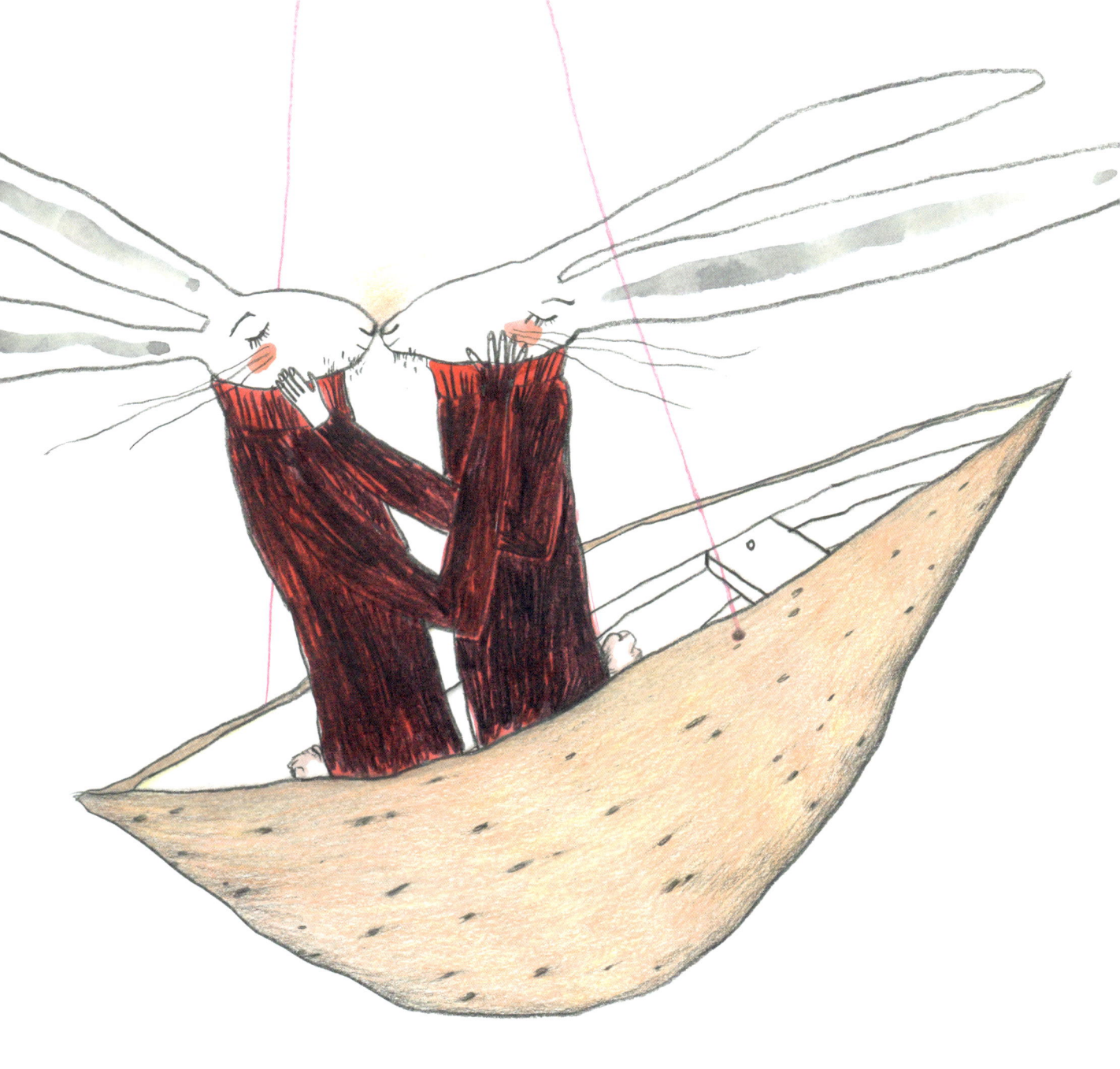

Und morgen

Und jeden Tag.

Wen du brauchst

Einen zum Küssen und Augen-Zubinden,
Einen zum Lustige-Streiche-Erfinden.
Einen zum Regenbogen-suchen-Gehn
Und einen zum Fest-auf-dem-Boden-Stehn.
Einen zum Brüllen,
Zum Leisesein einen.
Einen zum Lachen
Und einen zum Weinen.
Auf jeden Fall einen, der dich mag,
Heute
Und morgen
Und jeden Tag.

Regina Schwarz, 1951 geboren, schreibt Bilderbuchtexte für die ganz Kleinen genauso wie Sprachspielereien und Zungenbrecher, dazu poetische Texte und humorvolle Gedichte für Erwachsene. Seit 1984 werden ihre Gedichte, Bilderbuchtexte und Geschichten veröffentlicht. Für ihre Pappbilderbuchreihe »Wer bist denn du?« wurde sie mit dem Preis der Stiftung Buchkunst Die schönsten deutschen Bücher 2018 ausgezeichnet. Regina Schwarz lebt in Langenfeld, ist verheiratet und hat drei erwachsene Söhne.

Stefanie Harjes wurde 1967 in Bremen geboren und studierte an der Fachhochschule Hamburg und an der Hochschule für Angewandte Künste in Prag. Sie hat bisher 37 Bücher illustriert, etliche davon wurden zudem im Ausland veröffentlicht. Seit 24 Jahren arbeitet sie als Illustratorin und Buchkünstlerin in ihrem Atelier »Überm Wind«. Für ihr Werk erhielt Stefanie Harjes zahlreiche Preise und Auszeichnungen. 2010 und 2015 wurde sie für den Deutschen Jugendliteraturpreis nominiert.

Besucht uns auf Facebook und Instagram!

TULIPAN-Newsletter
Tolle Lesetipps kostenlos per E-Mail!
www.tulipan-verlag.de

© Tulipan Verlag GmbH, München 2019
Alle Rechte vorbehalten
1. Auflage 2019
Text: Regina Schwarz
Bilder: Stefanie Harjes
Layout und Satz: Tulipan Verlag, Anette Beckmann
Druck: Offizin Scheufele Druck und Medien GmbH & Co. KG, Stuttgart
ISBN 978-3-86429-417-4